AF221161

Edition Poëm

GERALD RAUSCHER

Wenn der Schnee reift

Gedichte

1. Auflage 2020

Herstellung und Verlag:

BoD - Books on Demand, Norderstedt

Abbildung auf dem Einband:
Leopold im Eis von Andreas Heel
Satz & Layout: Andreas Heel

ISBN 978–3–751–97294–9

Es reicht die Au
Nicht aus für Dich
Wasser lag als ein gesenkter Schild
Auf dem es sich ertrinken ließ
Du kamst nicht Du gabst
Nicht aus von Dir
Ohne Dich jetzt stört der Atem
Habe Dich geliebt und nichts
Gesagt dreißig Jahre und wir
Wären wieder

Von Närsholmen aus hattest
Du die Welt gerettet nach
Dem bereits geschehenen Krieg
Durch Dein Opfer durften wir leben

Und der Pilzesammler mit dem Parasol
Wusste nicht und wusste doch von
Deinem Wunder Deinen beiden
Abgebrannten Häusern

Grünt glitzernd Wasser im verdorrten
Baum die Spur Deiner Abwesenheit
Wie wart Ihr da in einem solchen
Moment Du und mein Vater

Andrej, Andrej, Andrej

Es war das Meer das flach
Heranreichte in das Gras und
Håkan saß mit mir dort
Wo sein Haus stand

Wir trafen uns um neun Uhr
Dreißig am Gatter zur Zone
Du mit einem Körbchen voller Fotos
So sanft für einen Baumstammwerfer

Hier ist der Ort an
Dem die Erdkruste brach die
Krümmung ihren Anfang nahm
Die Unschlüssigkeit einsetzte

Platziere Deinen Stein neben den
Anderen befestige den Stamm dieses
Licht hier hattest Du geliebt nur
Er ist nicht und Du warst
Auf seinem Land

Als es losging mit den Tagen
Warst Du schon unbeteiligt und
Wir noch nicht gestorben

Brächtest den Stuhl zum Blühen
Die Schöpfung zum Licht und Lachen
Nicht gemacht wie es sein soll

Aphaia nach oben offen scheint
Die Ruine vollständig die Bläue
Zwischen durch genaues Gestein

Lässt Muscheln wachsen in
Den Händen fehlendes
Warum erbarmst Du Dich nicht

Wenn ich Dich treffe
Dann Gnade Dir

Halfpipegeschädigt

Umrande Dich mit meinen Blicken
Entlang dem Fensterrahmen in dem
Grün der Zug die Felder vorbeizieht

Bewegt das Gut in der
Feuchten Bahn Deines Körpers
Momentweise Glück und sofortige
Umkehr lag Deinem hellblauen Sofa
Hinterher

Es muss alles gewesen sein
Um etwas sagen zu können

Wir gingen zu den einfachen
Geistern und Du hattest einen
Engel geborgt um uns zu leiten
Der durch entgegenkommende Autos
Schritt und wir nebenher in
Den Lichtkegeln im Straßengraben

Dann schliefst Du an
Der Feuerstelle und ich vergaß
Dich zu retten

Erst am Morgen zog ich in
Panik Dich weg aus der Glut
Und ein Kohlepanzer löste sich
Ab von Deiner großen Zeh

Den Tag gerändert und
Verstanden dass er vorsichtiger
Sein muss und es nicht zweimal
Sich ergibt

Auf der Höhe der Hagebutte
Machte sich undicht für Dich
Der Tag gab sich aus als
Deine Abwesenheit

Hieltst den Kopf beim kleinsten
Zustandekommen noch weiterhin nach
Links in den Gurt geneigt und
Nicktest so zu meinem Flüstern

Der Schritt unklar zum Besseren verendet
Der Blick verzog sich in Dein Gesicht
Schaut hier Herz und Auge weint vor Dir
Bitterlich und hatte dies
Zu Lebzeiten zu sagen
Verpasst

Kaltenbrunnen 574 abhanden
Das Glied schon damals vor dem
Vogelbeerstrauch rechts abgeneigt
Die Steine angehäuft um
Dachwasser aufzufangen

Der Abend lag ausgestreckt mit
Filzigen Beinchen und kein Garten
Mehr mit roter Johannisbeere trat
Aus der Vereinzelungsanlage kein
Forsythienbogen überhängend in
Den Tag

Hielten uns fern von der Zukunft
Umarmt wie mit Zangen tief und eng
In Dich mithineinbefunden verbarg mein
Gesicht an Dir und Du an mir
Niemand wird uns mehr sehen

Am zweitliebsten mit Dir auf der
Erde sein mit den Toten
Sein mit tot sein

Dank des langen Frühstücks kam
Basil dazugeschneit und brachte uns
Nebst Feuchtigkeitssonden in
Den Igelpalast zwischen Decke und Dach
Wo Seelen sich verfangen hielten

Du glaubtest die Institution nicht die
Dogmen und fortgesetzt über uns
An den Wänden verlief die Kapellenreling
Durch die ausgewaschenen Wolken

Gabst den Wink für das plötzliche
Bühnenbild aus dem Fenster
Drängte süßhügeliges Licht die
Welt in eine stille Nebenrolle

Der Kathedralist erkannte den in
Die ungefalteten Hände gelegten
Kopf als widerständig während
Fremdgeführte Gruppen bewiesen dass
Du bist ewig und abwesend

Wunder wirken kannst Du
Erwiesenermaßen keine Dein
Einziger Durchschlupf sind
Kleine unscheinbare Gesten

Die Betrachtung war vorüber dies
Wurde mir behutsam nahe gebracht
Durch die angelaufenen Scheiben und im
Freiwischen dann unwillentlich die Verkündung
It is not nearly as bad as you think

Unweihnachtlich die Crux
Dem Lichtlosen entrissen zu sein
Das verkorkste Meer das
Unerhabene stupide brandend
Eine absehbare Geburtstagsaversion

Ein gutes kleines Missgeschick
Für sich alleine zu sein
Naturgemäß vertane Erstehung
Das sich nicht balancieren lässt
Und fällt

Baumelt in den Lorbeerwald
Das Königtal herab durch
Eine enge Röhre Lazarus
Hotellaken Entfesselungskünstler
Ein mickriger Sidestep ins Leben
Verkehrt das S und Punkt

Mit klarem Licht dehnt der Morgen
Wieder die gesenkten Öffnungen der
Fensterläden

Dein Kissen ein Natternknäuel
Und noch im Aufstehen fallen
Harmlose Kringel lange ab
War in Deinem Zimmer mit Aline
Nach neunzehn Jahren und schwieg
Mit ihr dort wo Du Dich trafst
Und uns am Kopf Herr Alexander

Betrachtet sein Haus von schräg oben
Wie es liegt auf Schlamm in stiller
Not ewig und drei Tage

Töte uns nicht rette uns

Elend ruht die Erde auf dem
Wasser Katastrophengesende Deine
Wörter und unsere Existenz zusammengenom-
    men
Vergangen und immer mehr vergehend

Blumengießer bei den Menschen verlassen
Durch seine Nähe

Kommt von ungefähr bleibt
Schleierhaft verwehrt reicht nicht
An das was ist

Abfolge naher Vergangenheiten verliert
Den mühsamen Blick fällt durch den
Allerschönsten Tag der Schnee

Am Fenster unvermittelt stand der
Traum still und sein Blick konzentriert
Ins Finstere den Tag verschränkt
Im Rücken

Verfiel in das Geschoss und lief
Um die Kürbisse zu retten vor der
Bleiernen Beschnupperung

Umgab die Sektion grenzenlos und
Unentdeckt ein Held mit Namen
Sleeping bag

Einsegnung des Urgebells die Hütten
Einer lief und unbedacht die Flecken
Sog kein Geringerer als
Niemand

Individuum aus
Nichts die Füllung einer
Glaubt zerstäubt geht umher
So lange bis es erlischt

Ohne Adresse kam ich
Die Ohren dicht zur Anhörung
Stieg eilig die Gebäude herab
Durch die Gärten und Balkone
Deiner Stimme nach wo
Du nicht warst weiter
Bis durch Glas die Gäste
Sichtbar wurden das Telefon
Mir reichten durch das
Du warst bei uns im Raum

Kein normales Eintreten von
Uns beiden keine Überlappung
Mit dem Sprechen zu spät dran
Was nicht verwunderte
Verdorrt der liebe Gott

Brauchte keine Zeit
Um älter zu werden

Eingekerkert in den Halligen
Sah aus sich heraus und
Fror diese Körper in dezenten
Abständen zu einem Ganzen

Schliefen Kante an Kante die
Wunden Punkte vermeintlich fließend
Die Hände in die Höh gekrampft
Doch sah schwarz Dich gottlob
Wie Du lebend auf dem Rücken lagst
Und heil wardst mit der Zeit
Zurückgesunken in die Haut

Niemand sank in die
Ferne und schob die
Giebel aneinander

Ist alles von selbst
Und bleibt unbenommen
Im Ganztag

Übergriffen und was immer
Vorkam war erklärt in
Dem kleinen Universum

Sucht sich seinen Hut
Aus Filz um den er sich
Dreht zum Gehen bereit

In der Tankstelle bliebst
Du stehen mitten im Wort
Führtest erstarrt die geduldige
Schlange an und aus der Hand
Schwebte endlos Dein Geldschein
Zu Boden

Wir sahen uns gegenüber
Lehnen Haus an Haus die Farben
Blättern eingangs der Ungebetene
Die Fleischzermarterung bot rund
Um die Haut auf die das
Streicheln passte

Lag Abstoßung in der
Natur der Person doch sei
Getrost es steht unsichtbar
Geschrieben ein Text zu Deiner
Verteidigung und gebenedeit die
Absenz Deines Verzeihns

Winterbäume angebrannt
Sah auf sie hin und
Geschah mit

Einsam bog sich der
Himmel und ohne Regung
Dem zu

Unweit der Seen Gestalt
Lagst und sprachst zu mir
Leb zu

Sei jemand

So gehst Du
Schwer an seiner
Statt am Fels unter
Überwölbter Höhle

Abfallend Gras der
Platz der Dich hielt
Von Grund auf

Unvertraut das
Land darunter
Nur See

Und vom Schild
Her droht das Tier
Sind nicht an diesem
Tag da

Weiter war die Luft da und
Kühle noch sonst etwas
Atmet nichts und sieht
Dass es nicht da ist
Weit neben Dir

Knochen fand man die
Er getragen hätte
Bis die Tage anhielten
Und nicht weiter kamen
Als bis hierher

Vielfach und nie wieder
Unterm Kreuz gehangen
Bist und liest und
Genießt in ein Nichts

Hält sich immer weiter fern
Fajana der begehrte Ort
Schwärzt sich ein durch Vertrautheit
Gibt seinen Reiz ab
An die Sinne

Von neuem ständig ungläubig
Eingekerbt die Augen dafür da
Nur zu schauen

Aus Deiner Hand ausgetragen
Zu werden verlangt er mit
Sofortiger Wirkung

Der Satz schreibt nicht
Nimmt kein Ende
Wie alles hier

Es sitzt zusammen was
Zusammengehört die Familie
Zur Ausstrahlung von Glück
Wahllos im Empfang ihres Erhalts in
Beschäftigung strikt mit sich selbst

Die Funktion besteht in der Abhaltung des
Äußeren bereit für die Entbehrungslosigkeit
Bis zur Herstellung des reinen
Reichs der Reservierung

Überlässt kein Feld ohne Kampf und
Ohne Not in Gang gesetzt
Für das Kitz das sie umsorgt
Letzte ergatterte Wurstscheiben
Kullern durchs Maul

Zuwendung gilt ausschließlich dem Mitglied
Einzelne ihre Fangarme kurzzeitig ausgesandt
Um Terrain zu sichern nehmen den
Selbsterhalt vor gegen alles andere

Zischen im Zirkel sich unhörbar zu
Auf dass kein Streit sei unter sich
Dinge besprechend für die anderen
Als wohliges Geräusch und
Gegenseitiges Signal

Keine Sorge
Wir sind da
Alles wird gut
Für uns

An die Tische auf der Stelle des
Morgens begab vergangenes Lachen
Sich

Hätten sagen müssen dass
Dies nur vorübergehend
Ist

Man kommt in alle
Gestalten und an allen Orten
Vor

Kein Ort ohne den anderen

Regnerisch das Blut

Nah liegst Du abgehalten nur
Durch Geburtstage Renovationen
Bauaufsehereifersüchte

Nie kommst Du an das
Ende eines Jahres sieht
Unbekümmert es aus sich heraus

Von Deiner Hand gleitet Farbe

Worte mit Dir verbunden

Dein arges Auge versäumt
Entlang den Pfefferwäldern

Knotet gerne sich die Knie
Kurvenvielfalt demgemäß

Grundbeunruhigt dauernd in Durchblutung
Fasst langsam es die Kuppen

Denkt in sich hinein

Sehn den Käfer kriechend
Schwarz am Ende des Tags

Fällt aus seinem Leib
Kommt um Dich zu sehn

Verzögert die Wortwahl bis
Stille eintritt zum nächsten
Ungetüm

Ohne Wohnung schmilzt die
Erde hin in Stürmen

Dämmerfäden kein und keines
Bis alles einsinkt

Hilfe die Dich rief
An Händen gehalten
Durch Seile und Fragen
Häufte Dich auf unter
Sich als Sicherheitspolster

Bis 06 09 bleibt alles gut
Danach muss man sehen
Punktiert und eingeprägt
Auf Mehlpapier die Zeit
Ein prekärer Vorgriff

So weit würde es kommen
Stünde der Verfall nicht
Vor dem Datum

Serena Kenia Bach Suite
Zog sein Rosshaar über
Mein Ohr mein Glück
Casals

Als ob ich es so gewollt
Hätte lag ich da unterm
Brennenden Birnbaum und
Klagte das Herze schwer

Lütt Dirn blieb ohne Frucht
Und Leib Jesus ohne
Zuversicht

Verlassen das Land
Und aufgehäuft am anderen
Ende der Welt

Atme nur den Staub die Schwere
Ungesunkener Tage klebt
Auf meiner Haut

Bist vorüber und legst
Dich weichend noch
In meine Gedanken

In Thame glaube nichts und
Immer mehr Gemurmel und Gegong
Jede Mühle dreht hinweg
Das Göttliche

Denismönchsarschloch

Im Khunde Hillary Hospital
Gab es nichts zu sehen
Nur die ärmliche Allzweckliege
Sterile Schalen auf der Vormauer
Der Boden zusammengeflickt
Wie die Kleider des Arztes

Darunter gleich im Khumjung
Kloster steht am größten
DONATION BOX
Das reale Heiligtum einzig
Alles was zu sehen war

Sah von weitem schon
Dich dort sitzen den
Kopf zwischen den Knien

Du trankst von meinem Wasser
Mitsamt den Tabletten unbesehn

Und am Gipfel Gokyo Ri
Offenbarte unter Tränen Holm
Dass nach fünf Versuchen
Und verlorenem Kampf er
Seine Frau auf den Geleisen
Antraf ohne Kopf

Reichtest mir beim Abstieg
Die vom Wollhandschuh befreite Hand

Nur ich hatte zu danken

Schaut festgeklemmt in
Der Ichhülse über milchige
Berge und Terrassen hinweg
Die Erde unter Dir
Attrappe Deiner selbst

Fuhren zurück vom Dach
Ang Pasang Lichter und Farben
Uns entgegen den Weg sekündlich
Neu eingeschlagen

Dein Bild im Display
Queen Bee Bar Queen

Alles im Fluss alles im
Schmutz alles Leben
Auf die Straßen gekehrt

Erinnere Kathmandu

Wer war nicht ohne
Begriffe ohne Wort
Das helfen hätte können
Gegen das Versinken

Die Bergflut
Abgetragen über die Zeit
Und unmissverständlich standen
Die Anstiege in den Raum

Das wenige das wuchs
War hier fest und zart
Dunkelfarbig

Wie schön es war
Winter zu haben
Und die braunen
Geleise im Teergeruch
Die beiden Kohlmeisen
Neben unserer Mittagsbank
Und die Anzeigetafeln
Mit Leuchtbuchstaben
Und die häuslichen Einrichtungen
Und Geschäfte
Die Stühle in den Straßen
Die Bücher in den Händen
Der Menschen
Das alles
Alles vorüber

Luft geschwärzt durch
Dein Atmen auf dem
Unternehmenskontrollgang
Durch die Akten Grab
Kammern offenbart sich
Mein Betrug beliebig fest
In Händen ohne Halt die
Hitze das Verbindende
Kein Kampf der lohnt
Nur Abgang

Spatiale Nachtvergangenheit
Als wir Dich fanden warst
Du schon zersetzt und
Aufgegangen in den Himmel
Und von Treppen umgeben
Schliefst Du Dich heran
An all das Vergessene über
Dich gespannte Zeitdach
Selbstredend überlappend die
Abfolge von Raumzuständen
Ließest Platz für unsre Namen
Mittels Metallplatten abgehalten voneinander
Die Erdwände in die einzulegen
Es die Reihenfolge gibt
Wo eine Stunde war
Kann eine zweite sein

Das Leben steht
Still die Farben färben
Nicht die Sonntage
Tauchen schwarz
In Schwärze

Atme Dich ein
Atme Dich ein

Schaue keine Hände
Kein Selbst nichts
Teilt sich mit
Der Glockenklang
Gänzlich aufgesogen
Durch das Haus

Atmet Dich ein
Atmet Dich ein

Umfasse Dein Grab im
Sonnenschein die Primeln
Wuchsen Dir unters Kinn
Stand vorne dort als Erweis und
Erkannte die Erde nicht wieder
Von der Du nicht abzuheben
Vermochtest von Wölfen im
Traum verfolgt

Wenn der Schnee reift
Dehnst den Kopf Du
Hintüber

Wächst mit Abschiedsaugen die
Alte Stadt über sich hinaus

Streicht der Tag über die Dächer

Findet alles weiter statt um
Den Schein zu wahren

Der Mond scheint warm in
Deinen Rücken auf den Weg

Bleibst stehen um diesem
Moment näher zu sein

Ich ist der Ort der von etwas
Besserem träumt

In fremde Gegenwart
Getragen kamst Du ohne
Selbst Dich bewegt zu haben
Bis an Dein Gesicht
Wagt es sich die
Absolute Grenze
Fügt sich bis zum Dach
Dein Haus gern gesehen
Ohne alles liegst Du da
Im Überfluss nur die
Haut um Dich gebogen
Ist schon ein anderer

Trage das Gegenwärtige vor
Mir her in den Wald tief
Im hintersten Winkel stand
Ohne Grund dies Hotel mit
Den prächtigen Aufgangstreppen
Von deren Zwischenstock aus
Man hinauskam durch die
Filigrane Fensteröffnung auf
Einen dünnen Weg zu jener
Doppelhöhle die überraschend
Verbarrikadiert war mit einem
Nicht unüberwindlichen
Holzverschlag

Ziehe den Satz
Durch Dein Bewusstsein

Viel zu schön gesagt
Für das was ist

Was immer passiert
Ist Wahrnehmen

Verloren jeder Tag in
Körpern zugebracht

Herausgerutscht aus
Deinem Ich

Vom Glück ein
Heilloses Ich zu sein

Mit 50 noch immer
Euer Kind aber
Ohne den Trost der
Abhandenen

Wenn es ans Sterben
Geht geht Dir die
Luft aus und es gibt
Nur ungeteiltes
Leid

Und keinerlei Erklärung
Für das was war
Und wofür

Und ich kann noch
Von Glück reden

Nahtlos weicht der
Beischlaf dem Ableben